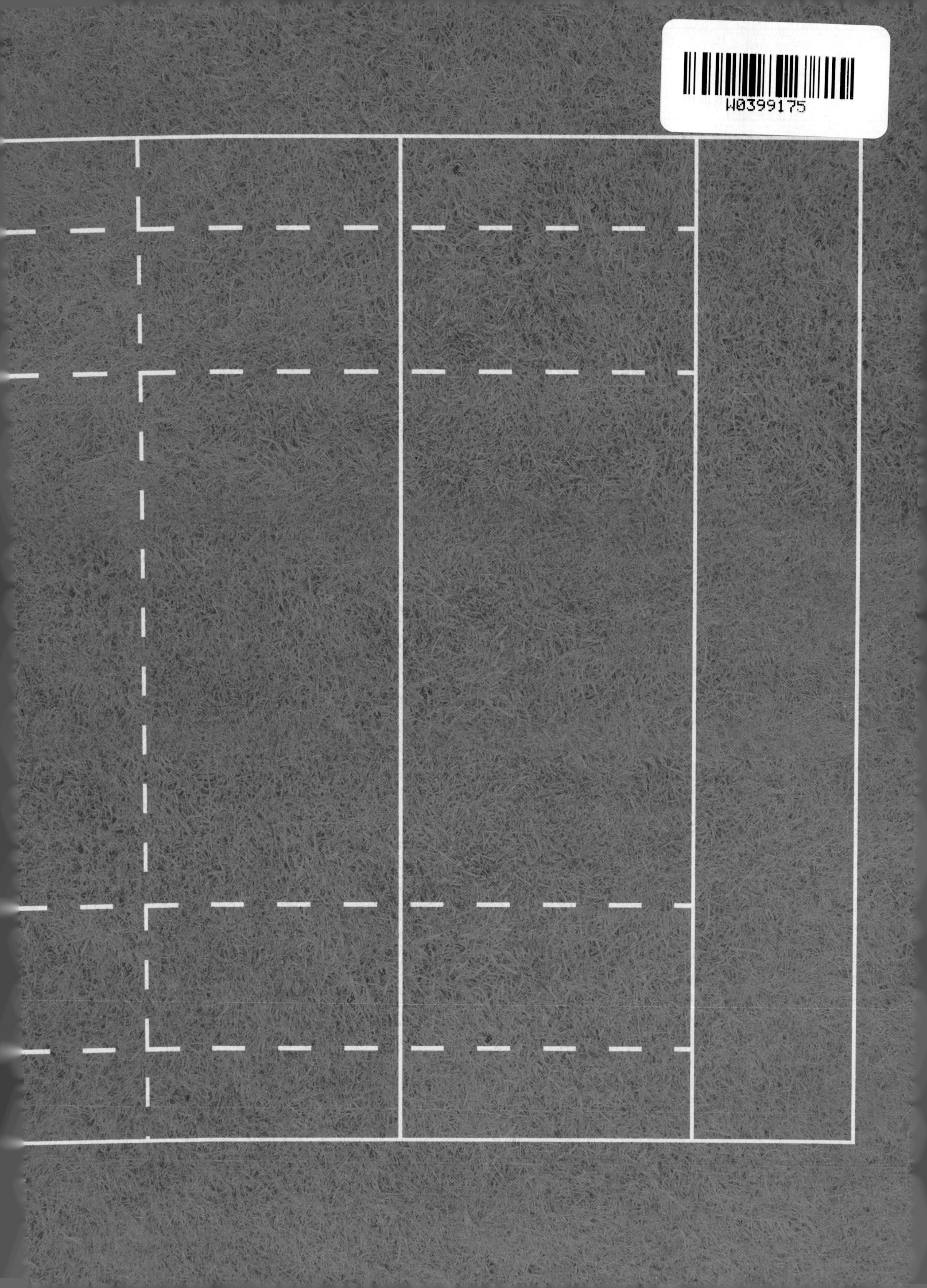

Léo passion Rugby®

D'après un univers imaginé par
Thomas Rouchié et Bertrand Todesco

Scénario
Loïc Nicoloff
Dessin
Philippe Fenech
Couleurs
Laurent Lagrue

Soleil

Un immense merci à Delphine pour sa patience.
Et à Thomas, Bertrand et Lionel pour leur soutien de tous les instants.

Loïc et Philippe

À ma petite Laly, comme toujours, et encore plus pour cet album.
À sa maman comme à la mienne,
mais aussi à tous ceux qui on été présents !
Au Noirhomme que Tonio connaît bien, et à ma tante, Curd :)

Philippe

Merci à Philippe, Loïc, Delphine et Julie pour leur soutien.
Grand merci à Marie pour son aide indispensable !

Laurent

Merci à Cube, Jean-Francois Henry,
les éditions Soleil ainsi que Philippe et Loïc,
tous ceux qui soutiennent le projet...
Merci au CM2 de l'école Louis Pergault au Plessis Robinson
et à leur maîtresse

Thomas et Bertrand

www.loicnicoloff.com
www.leopassionrugby.fr
www.cube-creative.fr
www.philippefenech.com

Des mêmes auteurs

De Nicoloff

Léo Loden, tomes 16 et 17
Co scénario Arleston
Dessin de Carrère

De Fenech

Anatole et Compagnie
Scénario de Mitric
1 tome paru

L'Empire des Mecchas
Scénario de Téhy
1 tome paru

Tuff et Koala
Scénario de Ridel
3 tomes parus

Soleil Productions
15, Bd de Strasbourg
83000 Toulon - France

Bureaux parisiens
25, Rue Titon - 75011 Paris - France

Dépôt légal : Septembre 2007 - ISBN : 978 - 2 - 84946 - 948 - 4
Première édition

Imprimé en France par Qualibris (J-L)

C'EST UN SUSPENSE INSOUTENABLE !
LES FRANÇAIS N'ONT QUE TROIS POINTS DE RETARD SUR LES ALL BLACKS !
C'EST LA TOUCHE DE LA DERNIÈRE CHANCE ! LA VICTOIRE EST À PORTÉE POUR LES BLEUS !
INCROYABLE !!! C'EST LE NUMÉRO 5, LE JEUNE LÉO, QUI S'EMPARE DU BALLON.
IL N'EST PLUS QU'À QUELQUES FOULÉES DE LA LIGNE D'EN-BUT NÉO-ZÉLANDAISE !!!
MAIS OH LÀ LÀ !!! LE CAPITAINE DES ALL BLACKS TENTE DE BLOQUER LE PETIT FRANÇAIS.
LÉO L'A ÉVITÉ ET MARQUE L'ESSAI DÉCISIF POUR LA FRANCE !!!
LA FRANCE EST CHAMPIONNE DU MONDE. LÉO EST PORTÉ EN TRIOMPHE.
LÉO !!!
LÉO !!!
LÉO !!!
LÉO !!!
LÉO !!!
LÉO !!! LÉO !!!
C'EST L'HEURE !!!
HEIN ? L'HEURE DE QUOI ? OÙ JE SUIS ? OÙ EST LE STADE ?
TU AS ENCORE RÊVÉ, MON GRAND ! DÉPÊCHE-TOI OU LE PETIT DÉJEUNER SERA FROID !
7:00
1

JE TE JURE, MOUSS. ON ME SURNOMMAIT MÊME "LE BRISEUR DE MÊLÉE".
UNE VRAIE STAR, QUOI !
BON, REVIENS SUR TERRE ET ATTRAPE ÇA !
ET LÉO EST ENCORE PRÊT POUR MARQUER UN NOUVEL ESSAI...
IL ATTRAPE LE BALL...???
MAIS... !!!
T'ES AVEUGLE OU QUOI ? TU PEUX PAS REGARDER OÙ TU VAS ?
OOOHH... TON PORTABLE !
JE SUIS DÉSOLÉ, MARIE-AMÉL...
S'IL EST CASSÉ, MON PÈRE TE FERA UN PROCÈS, SPÈCE DE MICROBE.
ET TOI, TU POURRAIS LEVER LE NEZ ET ME DÉFENDRE !
HMMM ?
BIP BIP BIP
ELLE SE PREND POUR QUI, CELLE-LÀ ?
POUR LA FILLE DES ROBINETS MARTIN.
C'EST PAS PARCE QUE SON PÈRE EST L'HOMME LE PLUS RICHE DE GRINEVALE, QU'ELLE DOIT SE CROIRE...
ICI PROCHAINEMENT Un parking de 100 places
OH, REGARDE ÇA ! C'EST DINGUE ! ILS VONT DÉTRUIRE LE STADE !
2

MINCE ! C'ÉTAIT LE SEUL TERRAIN DE RUGBY DE LA VILLE !
C'EST NUL ! OÙ ON VA MARQUER DES ESSAIS, NOUS ?
BON, IL FAUDRAIT Y ALLER. J'AI PAS ENVIE D'ARRIVER EN RETARD À L'ÉCOLE.
ALORS, ARRÊTE DE FAIRE TRAVERSER LA ROUTE AUX ESCARGOTS.
C'EST PAS DRÔLE, LÉO ! SI TU SAVAIS COMBIEN SONT ÉCRASÉS TOUS LES JOURS ! C'EST... C'EST, ÉNORME !
HEP, LÀ ! FAUT PAS Y'NIR ICI, M'SIEUR. C'T'ENDROIT EST FERMÉ AU PUBLIC !
COMMENT ALLEZ-VOUS, MON CHER ÉMILE ? DEPUIS LE TEMPS...
JE... J'VOUS... ON S'CONNAÎT ?
ÇA REMONTE À QUELQUES ANNÉES ! DU TEMPS OÙ LE CLUB EXISTAIT ENCORE...
AH OUI, C'TAIT LE BON TEMPS. LES GRADINS REMPLIS TOUS LES DIMANCHES ...
... DES ENTRAÎNEMENTS TOUS LES JOURS...
... LE CLUB HOUSE PLEIN DE RIRES. J'SERVAIS ENCORE À QU'QUE CHOSE.
MAIS MAINTENANT, TOUT VA CHANGER. LA MAIRIE VEUT TOUT RASER, ET M'CHANGER EN GARDIEN DE PARKING.
C'EST POUR ÇA QUE JE SUIS REVENU ICI.
JE NE LAISSERAI PAS TOUT ÇA DISPARAÎTRE ! PAS AVANT D'AVOIR TOUT TENTÉ POUR L'ÉVITER !
J'EN FAIS LE SERMENT... FOI DE PEYO.
3

BLAM
WAOW !!! TROP PUISSANT, SON COUP DE PIED !
MHOUAIS !!! ÇA FERAIT UN SUPER NUMÉRO 10.
S'IL NE SE FAIT PAS ÉTOUFFER PAR SON FAN-CLUB !
AAAAAH... C'QU'IL EST MIGNON !!!
Hi Hi
HÉ, MOUSS ! REGARDE LÀ-BAS, C'EST PAS LE TYPE QU'ON A CROISÉ AU STADE, CE MATIN ?
PEUT-ÊTRE ! J'ME SOUVIENS PAS !
C'EST UN NOUVEAU PROF DE SPORT, TU CROIS ?
LES ENFANTS, !!! VENEZ !!! J'AI QUELQUE CHOSE À VOUS ANNONCER !
TAP TAP
4

JE VOUS PRÉSENTE MONSIEUR PEYO, QUI A USÉ SES TENUES SUR LES MÊMES BANCS QUE VOUS.
BONJOUR, LES ENFANTS.
JE VIENS D'ARRIVER EN VILLE AVEC UN GRAND PROJET QUI PEUT INTÉRESSER DE JEUNES SPORTIFS COMME VOUS.
VOILÀ... EUH... JE VEUX MONTER UNE TOUTE NOUVELLE... EUH... ÉQUIPE DE RUGBY. ÇA TENTERAIT QUELQU'UN ?
MOI ! MOI ! NOUS !!! ON VEUT FAIRE DU RUGBY !!!
MOI AUSSI... SI JE PEUX VENIR AVEC DEUX AMIS.
VRAIMENT ? TOUS LES TROIS ? GÉNIAL !!! C'EST PARFAIT !!!
LE PREMIER ENTRAÎNEMENT AURA LIEU SAMEDI PROCHAIN SUR LE STADE DE RUGBY.
VOUS FEREZ UNE ÉQUIPE DE SEPT ! DONC, IL FAUDRAIT TROUVER D'AUTRES JOUEURS !
OK !
RENDEZ-VOUS SAMEDI 15H EN TENUE DE SPORT.
ET N'OUBLIEZ PAS DE DEMANDER L'AUTORISATION À VOS PARENTS !
MA MÈRE SERA SÛREMENT D'ACCORD. ELLE VEUT TOUJOURS ME FAIRE FAIRE DU SPORT.
ELLE A TOUT BON, MON GROS !
EUH...
5

DU RUGBY ? TU PLAISANTES ?
D'OÙ IL VIENT, CET ENTRAÎNEUR ?
C'EST LE DIRECTEUR DE L'ÉCOLE QUI NOUS L'A PRÉSENTÉ. POUR UNE FOIS QU'ON NOUS PROPOSE UN SPORT QUE J'AIME.
MAIS C'EST PAS UN PEU VIOLENT POUR TON ÂGE ?
TU DEVRAIS FAIRE DU FOOT, ÇA PLAIRA AUX FILLES...
LES FILLES ET LES COUPS, JE M'EN FICHE ! VOUS LE SAVEZ, JE RÊVE DE RUGBY !!
PAPA ! MAMAN ! VOUS POUVEZ PAS GÂCHER MON RÊVE...
... ET FAIRE DE MOI LE PLUS MALHEUREUX DE LA TERRE ! JE VOUS EN SUPPLIE !!!
???
S'IL VOUS PLAÎT ! S'IL VOUS PLAÎT !
BON, TU PEUX ESSAYER UNE FOIS EN FAISANT ATTENTION...
ET SI ÇA TE PLAÎT, ON VERRA BIEN...
OH, MERCI !!!! VOUS ÊTES LES PARENTS LES PLUS GÉNIAUX DU MONDE !!!
MAIS TU ME RANGES CE DÉPOTOIR QUI TE SERT DE CHAMBRE !
ET TU SORS LES POUBELLES, LE SOIR !!!
OUI ! OUI ! JE VOUS PROMETS. VOUS SEREZ PAS DÉÇUS, CETTE FOIS.
6

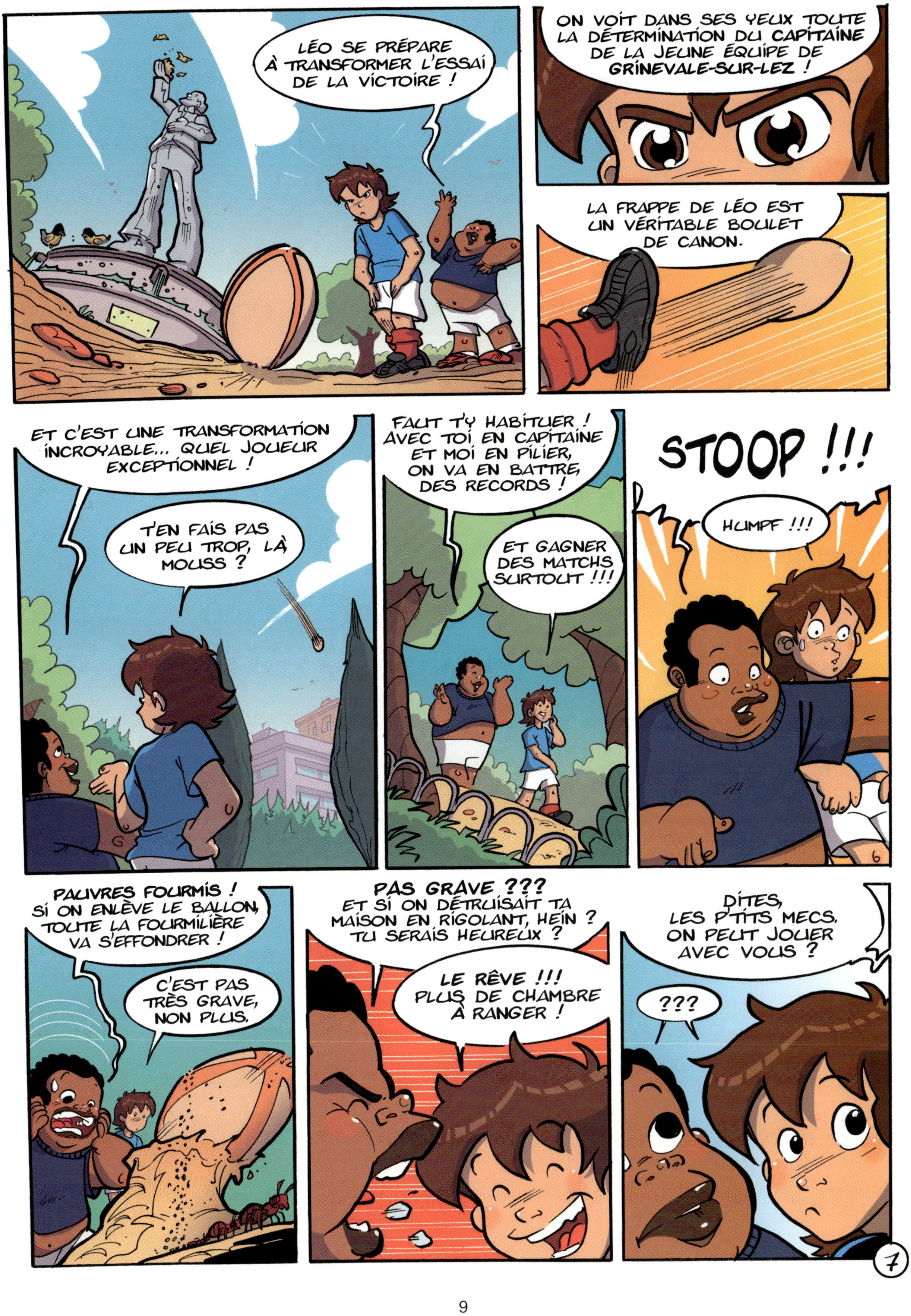
LÉO SE PRÉPARE À TRANSFORMER L'ESSAI DE LA VICTOIRE !
ON VOIT DANS SES YEUX TOUTE LA DÉTERMINATION DU CAPITAINE DE LA JEUNE ÉQUIPE DE GRINEVALE-SUR-LEZ !
LA FRAPPE DE LÉO EST UN VÉRITABLE BOULET DE CANON.
ET C'EST UNE TRANSFORMATION INCROYABLE... QUEL JOUEUR EXCEPTIONNEL !
T'EN FAIS PAS UN PEU TROP, LÀ MOUSS ?
FAUT T'Y HABITUER ! AVEC TOI EN CAPITAINE ET MOI EN PILIER, ON VA EN BATTRE, DES RECORDS !
ET GAGNER DES MATCHS SURTOUT !!!
STOOP !!!
HUMPF !!!
PAUVRES FOURMIS ! SI ON ENLÈVE LE BALLON, TOUTE LA FOURMILIÈRE VA S'EFFONDRER !
C'EST PAS TRÈS GRAVE, NON PLUS.
PAS GRAVE ??? ET SI ON DÉTRUISAIT TA MAISON EN RIGOLANT, HEIN ? TU SERAIS HEUREUX ?
LE RÊVE !!! PLUS DE CHAMBRE À RANGER !
DITES, LES P'TITS MECS, ON PEUT JOUER AVEC VOUS ?
???
7

SE FAIRE QUELQUES PASSES ?
C'EST MIEUX À PLUSIEURS, NON ?
J'AURAIS TROP PEUR DE VOUS CASSER UN ONGLE EN VOUS LANÇANT LE BALLON !
LAISSE TOMBER, SAMIA, ILS VALENT PAS MIEUX QUE LES AUTRES !
VOUS VOULEZ VRAIMENT JOUER AVEC... NOUS ?
C'EST UN BALLON DE RUGBY, PAS UNE POUPÉE !
AH !!! VOUS LE PRENEZ COMME ÇA !
ET HOP ! PAR ICI, LE BALLON !
NON ! ATTENTION...
VENEZ NOUS LE REPRENDRE SI VOUS ÊTES SI FORTS !
HI, HI !!! ILS ONT MÊME PAS ENCORE BOUGÉ !
REGARDE ! C'EST AFFREUX : LA FOURMILIÈRE S'EST ÉCROULÉE.
ELLES CROIENT VRAIMENT NOUS IMPRESSIONNER ?
DIS-MOI... TU COURS OU TU FAIS SEMBLANT, LÀ ?
C'EST ÇA ! MANGE LA BOUE DE MES CHAUSSURES !
VAS-Y. ESSAIE DE LA CHOPER, CELLE-LÀ !
MINCE.... JE L'AVAIS PRESQUE !
J'AI !!!
8

TU CROIS QUE JE VAIS ME LAISSER FAIRE ?
???
À TOI, SAMIA !!!
FACILE !
BULDOMOUSS !!!
D'OÙ Y SORT, LUI ?
YES, MOUSS', T'ES LE MEILLEUR !!!
PLUS QUE QUELQUES MÈTRES...
... AVANT LA LIGNE D'EN-BUUUUUUU...
SPLLAAC
M PIGNOLI
HI, HI !!! QUEL STYLE !!!
TROP PUISSANT !
BON, ON VOUS LAISSE FAIRE TREMPETTE AVEC LES POISSONS.
GNA, GNA !!! CE QUE ÇA PEUT ÊTRE BÊTE, UNE FILLE.
PARLE PAS TROP VITE...
... ON SERA MOINS FIEROT EN ALLANT RÉCUPÉRER NOTRE BALLON !!!
COMME TU DIS !
9

LE MAIRE EST D'ACCORD À CONDITION DE RENOVER LE STADE.
LES GRADINS TOMBENT EN MIETTES, LES DOUCHES SONT INSALUBRES, LE CLUB HOUSE S'ÉCROULE
LES ROBINETS MARTIN, ÇA CHANGE LA VIE EN BIEN
ET IL FAUT DES MAILLOTS NEUFS POUR CHAQUE JOUEUR.
DONC, VOUS VOULEZ QUE JE VOUS AIDE FINANCIÈREMENT ?
MIEUX QUE ÇA : DEVENEZ LE PARTENAIRE PRINCIPAL D'UNE JEUNE ÉQUIPE EN ROUTE POUR LA GLOIRE !
LE CLUB DE GRINEVALE-SUR-LEZ !
AHHHH ÇA ME RAPPELLE MA JEUNESSE TOUT ÇA !
J'ÉTAIS UN GRAND JOUEUR À L'ÉPOQUE, VOUS SAVEZ.
UNE VÉRITABLE STAR MÊME :
LE TUBE À ESSAI, ON M'APPELAIT, PARCE QUE J'ÉTAIS D'UNE PRÉCISION SCIENTIFIQUE. AAAHHH J'EN AI MARQUÉ DES POINTS
BON... J'ACCEPTE AVEC PLAISIR DE VOUS AIDER.
AH MERCI BEAUCOUP ! JE SAVAIS QUE VOUS ME COMPRENDRIEZ. C'EST PARF...
SEULEMENT... J'AI QUELQUES EXIGENCES...
JE VEUX ÊTRE L'UNIQUE SPONSOR DE L'ÉQUIPE ET AVOIR MON NOM BIEN VISIBLE SUR LES TRIBUNES ET LES MAILLOTS
AH NON, DÉSOLÉ. PAS DE NOMS SUR LES MAILLOTS ! C'EST UNE QUESTION D'ÉTHIQUE !
MAIS POUR LE RESTE, C'EST D'ACCORD ! J'EN SUIS RAVI !
PARFAIT ! J'AI JUSTE UN DERNIER PETIT SERVICE...
10

PARTICIPEZ À UNE AVENTURE PALPITANTE !!!
LA NOUVELLE ÉQUIPE DE RUGBY A BESOIN DE VOUS !!!
TIENS, LES RUGBYMEN EN APNÉE !
ON VOUS DONNE UN COUP DE MAIN SAMEDI ?
OH... POURQUOI PAS, FANNY !
MÊME PAS EN RÊVE !
C'EST INTERDIT AUX PLEU-REUSES !
NOUS ! DES PLEUREUSES ! ON VERRA ÇA !
C'EST TOUT VU ! ADIOS !
À BIENTÔT FANNY !
NON, C'EST VRAI. C'EST DES MECS QU'IL NOUS FAUT ! DES VRAIS !
MAIS ELLES SE DÉBROUILLENT PLUTÔT BIEN, NON ?
TIENS, TOI ! T'AURAIS PAS ENVIE DE FAIRE DU RUGBY?
QUI ? MOI ? AH AH !
BIP
BIP
VOUS SAVEZ, LE SPORT, À PART SUR CONSOLE...
LAISSEZ MON FRÈRE TRANQUILLE, BRUTES !!!
MAIS...
DIRE QUE KÉVIN VA RISQUER SA VIE...
JE...
MON CŒUR DÉFAILLE !
ALORS VOUS OUBLIEZ FRANÇOIS-XAVIER, COMPRIS ?
FAUT VRAIMENT QU'ELLE SE CALME CELLE-LÀ !
???
BON... AVEC LE SUCCÈS QU'ON A, ON VA PAS ÊTRE NOMBREUX SAMEDI...
11

QU'EST-CE QU'IL FAIT, L'ENTRAÎNEUR ?
VOUS CROYEZ QU'ON PEUT JOUER AVEC DES LUNETTES DE SOLEIL ?
RENDS-MOI MON CASQUE MAINTENANT !
CRACK
OUPS
AHHHH !!! VOUS ÊTES TOUS LÀ ! C'EST PARFAIT !
CE N'EST PAS GRAVE, MON GRAND. JE VOUS PRÉSENTE SAMIA ET FANNY.
BONJOUR !
DÉSOLÉ, M'SIEUR, ON N'A PAS TROUVÉ D'AUTRES JOUEURS.
DES CHOUINEUSES ? DANS NOTRE ÉQUIPE ?
MAIS C'EST PAS INTERDIT, LES FILLES, AU RUGBY ?
NON, ELLES PEUVENT JOUER AVEC LES GARÇONS JUSQU'EN BENJAMIN !
TU VEUX PARIER QUE LES FILLES NE SONT PAS À LA HAUTEUR ?
LE PARC, ÇA VOUS DIT RIEN ?
DEUX PLEUREUSES, LES FRÈRES CASTAGNE ET UN PLAY-BOY !
ON PEUT PAS FAIRE PIRE COMME ÉQUIPE !
NOUS SOMMES EN RETARD ?
12

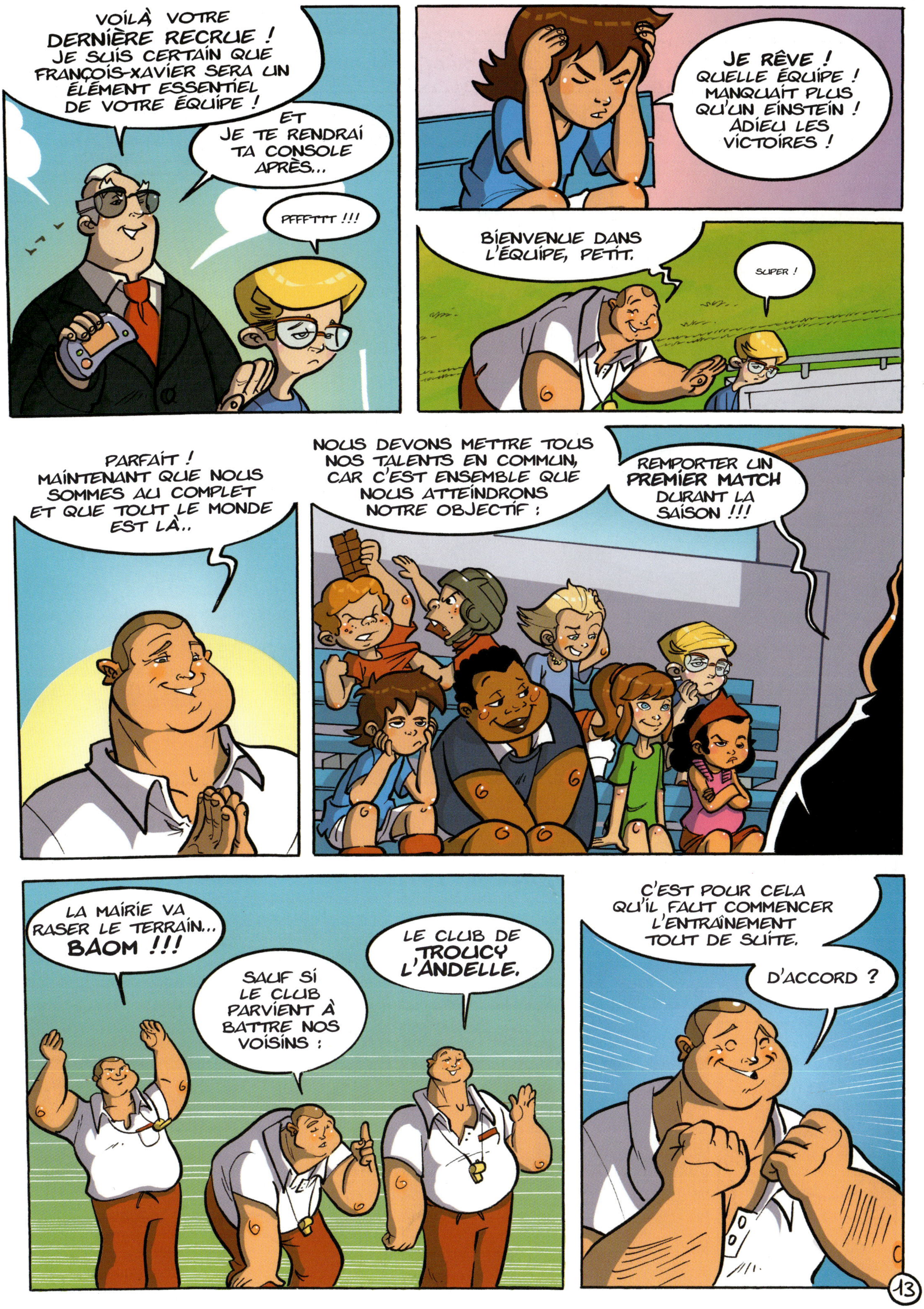
VOILÀ VOTRE DERNIÈRE RECRUE ! JE SUIS CERTAIN QUE FRANÇOIS-XAVIER SERA UN ÉLÉMENT ESSENTIEL DE VOTRE ÉQUIPE !
ET JE TE RENDRAI TA CONSOLE APRÈS...
PFFFTTT !!!
JE RÊVE ! QUELLE ÉQUIPE ! MANQUAIT PLUS QU'UN EINSTEIN ! ADIEU LES VICTOIRES !
BIENVENUE DANS L'ÉQUIPE, PETIT.
SUPER !
PARFAIT ! MAINTENANT QUE NOUS SOMMES AU COMPLET ET QUE TOUT LE MONDE EST LÀ..
NOUS DEVONS METTRE TOUS NOS TALENTS EN COMMUN, CAR C'EST ENSEMBLE QUE NOUS ATTEINDRONS NOTRE OBJECTIF :
REMPORTER UN PREMIER MATCH DURANT LA SAISON !!!
LA MAIRIE VA RASER LE TERRAIN... BAOM !!!
SAUF SI LE CLUB PARVIENT À BATTRE NOS VOISINS :
LE CLUB DE TROUCY L'ANDELLE.
C'EST POUR CELA QU'IL FAUT COMMENCER L'ENTRAÎNEMENT TOUT DE SUITE.
D'ACCORD ?
13

PLUS VITE QUE ÇA ! ON MOLLIT PAS ! ON S'ENDORT PAS !
ME DITES PAS QUE VOUS ÊTES FATIGUÉS APRÈS UN TOUR DE TERRAIN.
TU RALENTIS, DEMI-PORTION ?
IL FATIGUE, LE BELLÂTRE ?
JE VAIS MOURIR !
TU ME LÈGUES TON GOÛTER ?
ENCORE DEUX TOURS ?
23... 24... 25... ON GARDE LE RYTHME ! 26... 27...
C'EST PIRE QUE L'ARMÉE ICI !
PARCE QUE T'AS CONNU L'ARMÉE TOI ?
JE PEUX PAS TOUT SOULEVER. J'AI TROP DE MUSCLES !
? !
ALORS ? TU LES SORS, TES AILES ?
J'SUIS PAS UNE ASPERGE, MOI !
C'EST LA PAUSE ? TOUS ALLONGÉS SUR LA PELOUSE ?
NON ! C'EST LÉO QUI A RATÉ UN CERCEAU...
ALORS ? C'EST TOUT ? VOUS POUVEZ PAS MIEUX ?
HUM !!! POUR LA VICTOIRE, Y'A ENCORE DU TRAVAIL !
14

BIEN... PROFITEZ DE QUELQUES MINUTES DE REPOS... ET ON REPART !!!
J'AI PLUS DE FORCE.
SCROUNTCH SCROUNTCH
TU PEUX FAIRE MOINS DE BRUIT ?
BAH... ELLE A UN SALE GOÛT CETTE EAU.
POUAH !!! C'EST QUOI CETTE PUANTEUR ?
Y'A QU'À VOIR COMMENT IL BOUFFE...
POUR COMPRENDRE QUE ÇA VIENT DE LUI !
COMMENT ?
C'EST PAS MOI ! J'AI RIEN FAIT..
RETIREZ ÇA TOUT DE SUITE !
CHUUUT ! ÇA VIENT DE LÀ.. ET JE VOIS QUELQUE CHOSE QUI BOUGE
iiik iiikk iiikkk
ON DIRAIT LES CRIS D'UN PETIT ANIMAL.
IL FAUDRAIT ENLEVER CETTE GRILLE.
iiiikkk iiiikkkk
BULDO-MOUSSSS... RHHHAAAA !!!!
MERCI MOUSS !
CHHHUUUUUUUTTTT !!! N'AI PAS PEUR !
iiiikkk iiikkk

OH, LE PAUVRE ! IL EST COINCÉ. IL DOIT AVOIR TROP MAL !
IIIK IIK IIIIIIKKK!!!
POP !
OHHHHH !!!
CE QU'IL EST MIGNON !
ÇA VA ÊTRE LÉGER POUR LE GOÛTER !
IIKKKK ?
PROUT
BEUARKKKK !!!!
C'EST UNE INFECTION !
FAUT S'EN DÉBARRASSER !
DONNEZ-LE NOUS ET ON SAURA QUOI EN FAIRE...
...LE DISSÉQUER, LE FAIRE CUIRE, LUI ARRACHER LA PEAU...
JAMAIS !!!
LE PREMIER QUI TOUCHE À UN DE SES POILS...
JE LE SCALPE !!!
IL FAUDRAIT LUI TROUVER UN NOM !
ON BOURRAIT L'ABBELER DIOGÈNE.
DIOGÈNE ???
OUI, C'EST UN HOMME QUI VIVAIT DANS UN TONNEAU... COMME UNE GROSSE BOÎTE DE CONSERVE QUOI !
DIOGÈNE ! ÇA TE PLAÎT COMME NOM ?
PROUT
IIIKKK
16

PARFAIT ! APRÈS LES ÉTIREMENTS ET UNE BONNE DOUCHE, JE VOUS AI PRÉPARÉ UNE SURPRISE !
C'EST MAINTENANT QUE VOUS ARRIVEZ ! C'EST PRESQUE TOUT FROID.
WOUAAAHHHH !!!
C'EST UNE IDÉE D'ENFER !
J'AVAIS TROP FAIM
LES OURS À LA GUIMAUVE SONT POUR MOI !
MANGE PAS TOUT, GROS !
C'EST TRÈS GENTIL À VOUS, EMILE. MERC...
COMPTEZ PAS SUR MOI POUR VOUS SERVIR DE BONNICHE...
ET OUBLIEZ PAS LE PETIT MAIGRICHON LÀ-BAS !
TU NE PRENDS PAS TON GOÛTER ?
J'AI PAS ENVIE...
JE SUIS NUL, JE SERS À RIEN DANS L'ÉQUIPE.
JE RETOURNE À MES JEUX. C'EST MIEUX !
Y'A TOUJOURS UN MOYEN D'ÊTRE UTILE.
JE SAIS : JE VAIS FAIRE DE TOI MON AIDE-TACTIQUE SUR LE BANC DE TOUCHE.
TU VAS ÊTRE MON HUITIÈME HOMME SUR LE TERRAIN.
...ENFIN JUSTE À CÔTÉ !
AIDE-TACTIQUE ? WAOW !!!
17

VOILÀ ! ÇA C'EST L'ESPRIT DU RUGBY !
CE N'EST PAS SEULEMENT UNE COMPÉTITION OU UN ENTRAÎNEMENT PHYSIQUE C'EST SURTOUT UN MOMENT À PARTAGER, UNE COMMUNION AUTOUR DU SPORT.
MAIS AVANT DE FINIR CETTE PREMIÈRE JOURNÉE NOUS AVONS ENCORE UNE CHOSE À FAIRE.
CHOISIR LE CAPITAINE DE L'ÉQUIPE !
MOI !
ET MOI !
BON, IL FAUT LES DÉPARTAGER. QUI EST POUR KÉVIN ?
QUI EST POUR LÉO ?
C'EST DONC LÉO QUI EST ÉLU À 5 CONTRE 3.
MERCI ! PROMIS ! JE SERAI UN SUPER CAPITAINE ET ON SERA UNE ÉQUIPE AU TOP !
PFFFF !!! MANQUAIT PLUS QU'UN NABOT COMME CAPITAINE
ET VOUS AVEZ OUBLIÉ UN TRUC...
VOILÀ LA MASCOTTE DE L'ÉQUIPE !!!
IIIIIKKKK !!!
AH NON... LOIN DE MOI...
IIIKK ?
FAUT LE JETER CE TRUC-LÀ !
ET SI ON L'EMPAILLAIT ?
18

Á SAMEDI PROCHAIN ALORS. REPOSEZ VOUS BIEN. JE VOUS VEUX EN PLEINE FORME !
LES FILLES ! ATTENDEZ !
EUH... JE VOULAIS VOUS REMERCIER POUR... POUR LE VOTE.
BAH... DE RIEN !
T'EMBALLE PAS ! J'AI PAS VOTÉ POUR TOI...
MAIS JUSTE POUR PAS AVOIR KÉVIN COMME CAPITAINE.
AH ! BEN, ON FAIT UNE SUPER ÉQUIPE, NON ?
OUI... SI ON ARRÊTAIT DE TRAITER LES FILLES COMME DES SHAMALLOWS !
DÉJÀ QU'IL ARRÊTE PAS DE FAIRE SA STAR.
ET REGARDE, FANNY, LA JOLIE COCCINNELLE ?
OH !!!
ON N'Y PEUT RIEN : VOUS ÊTES MOINS FORTES QUE NOUS...
C'EST ÇA ! MOINS STUPIDES, SURTOUT !!!
SALUT LE MACHO !
CIAO LA BÊCHEUSE !
BEN ?! QU'EST-CE QU'IL LEUR PREND ?
19

LE SAMEDI SUIVANT...
À NOUS LE TERRAIN !!!
ALLEZ, VOUS CONNAISSEZ VOTRE ÉCHAUFFEMENT...
C'EST VOTRE CAPITAINE QUI VA VOUS DIRIGER.
BON, POUR COMMENCER, DEUX TOURS DE TERRAIN EN PETITE FOULÉE.
OUI, CHEF !!!
ALORS, C'EST ÇA, L'ÉQUIPE DE GRINEVALE-SUR-LEZ ?
?
LAMENTABLE ! AVEC UN NABOT COMME CAPITAINE !
T'ES QUI, TOI, L'INDIEN, POUR ME TRAITER DE NABOT ?
LE CAPITAINE DE L'ÉQUIPE DE TROUCY L'ANDELLE !!!
ON EST VENU VOIR CE QUE NOS ADVERSAIRES ONT SOUS LES CRAMPONS.
ET LÀ, ON EST TRANQUILLE. ON VA GAGNER LES DOIGTS DANS LE NEZ.
TU CROIS ÇA ? ON VA VOUS FAIRE MORDRE LA POUSSIÈRE, OUI !
SE FAIRE BATTRE PAR UN NAIN ! TU RÊVES...
STOP ! PAS DE ÇA SUR LE TERRAIN. SI VOUS VOULEZ VRAIMENT EN DÉCOUDRE, Y'A UNE SOLUTION TRÈS SIMPLE.
20

C'EST UN DÉFI EN UNE SEULE MANCHE. LA PREMIÈRE ÉQUIPE QUI MET LE BALLON DANS L'EN-BUT ADVERSE A GAGNÉ. PRÊTS ?
GO !!!
AHHH !!! UNE GUÊPE !
T'INQUÈTES, FANNY. J'AI !
BIIIIIZ
AH AH ! J'AI RIEN SENTI !
C'EST BIEN, JOUEZ COLLECTIF ! CONTINUEZ !
TROUCY ! ON SE REPREND ET ON LES BLOQUE !!!
21

LÉO ! KÉVIN EST DÉMARQUÉ ! PASSE-LUI LE BALLON.
PASSE !
TROP LENT LE GROS !
PLUS QUE QUELQUES MÈTRES... JE VAIS Y ARRIVER SEUL !
COUCOUCHE, LE NAIN !!!
AÏEEE !!!
HOU LE PAUVRE ! ÇA DOIT FAIRE MAL !!!!
ET VOILÀ ! J'EN ÉTAIS SÛR !
ÇA VA, LÉO ? TU T'ES PAS FAIT MAL ?
NON NON ! ON A REPRIS LE BALLON ?
ESSAI !!!
ET VOILÀ ! Y'A PLUS AUCUN DOUTE.
AU MATCH, ON VA VOUS ÉCRASER !
22

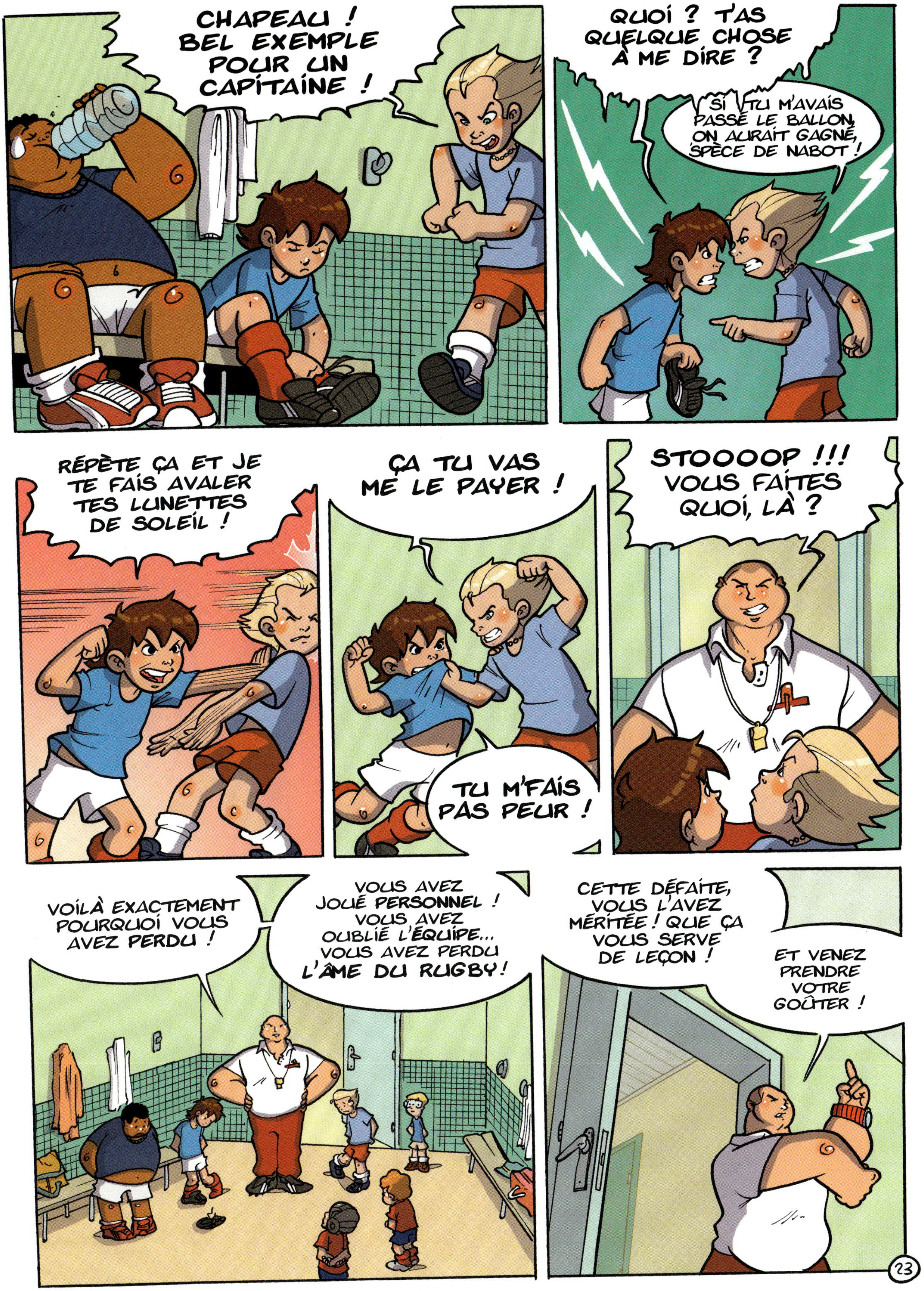
CHAPEAU ! BEL EXEMPLE POUR UN CAPITAINE !
QUOI ? T'AS QUELQUE CHOSE À ME DIRE ?
SI TU M'AVAIS PASSÉ LE BALLON, ON AURAIT GAGNÉ, 'SPÈCE DE NABOT !
RÉPÈTE ÇA ET JE TE FAIS AVALER TES LUNETTES DE SOLEIL !
ÇA TU VAS ME LE PAYER !
TU M'FAIS PAS PEUR !
STOOOOP !!! VOUS FAITES QUOI, LÀ ?
VOILÀ EXACTEMENT POURQUOI VOUS AVEZ PERDU !
VOUS AVEZ JOUÉ PERSONNEL ! VOUS AVEZ OUBLIÉ L'ÉQUIPE... VOUS AVEZ PERDU L'ÂME DU RUGBY !
CETTE DÉFAITE, VOUS L'AVEZ MÉRITÉE ! QUE ÇA VOUS SERVE DE LEÇON !
ET VENEZ PRENDRE VOTRE GOÛTER !
23

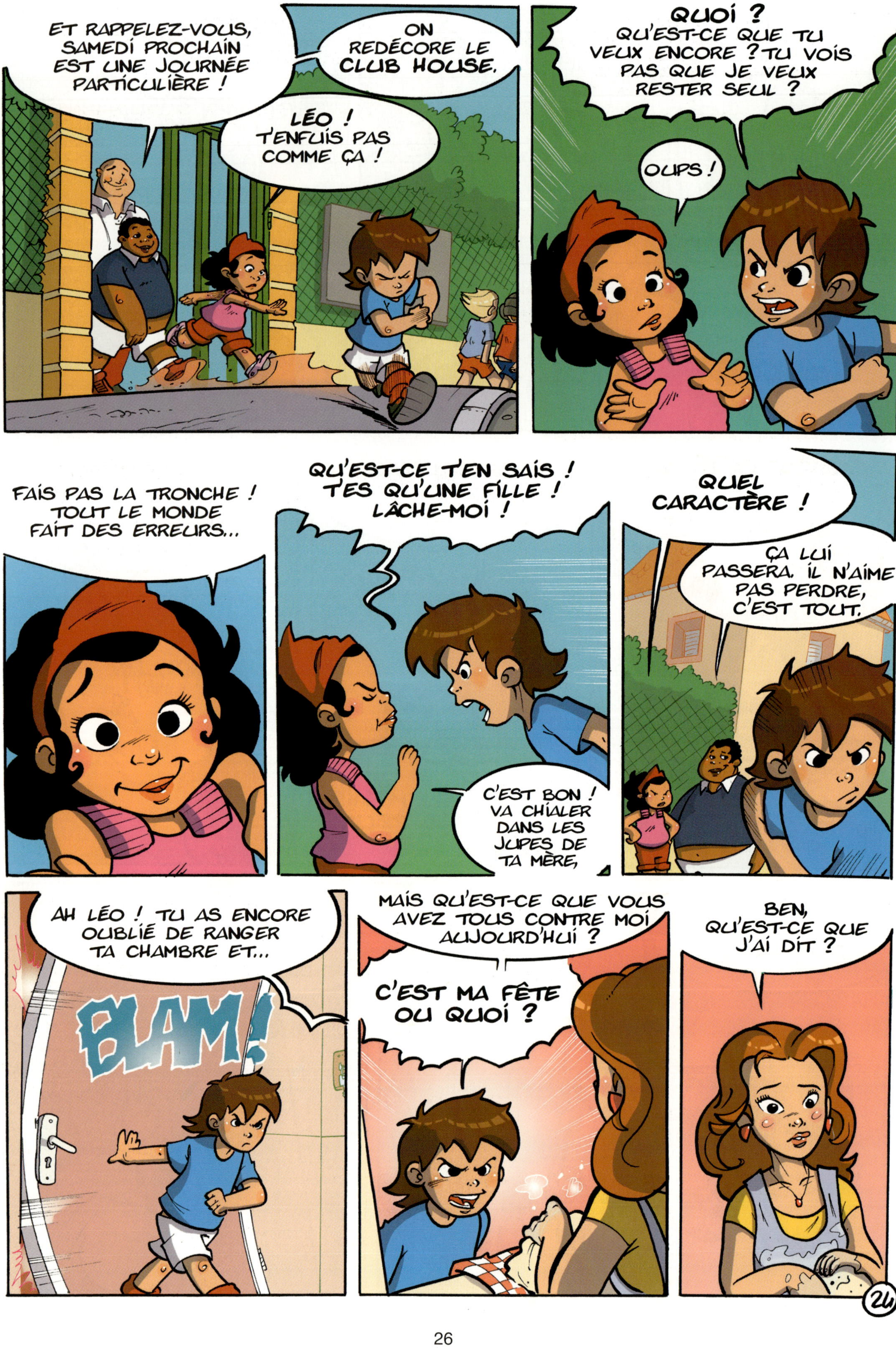
ET RAPPELEZ-VOUS, SAMEDI PROCHAIN EST UNE JOURNÉE PARTICULIÈRE !
ON REDÉCORE LE CLUB HOUSE.
LÉO ! T'ENFUIS PAS COMME ÇA !
QUOI ? QU'EST-CE QUE TU VEUX ENCORE ? TU VOIS PAS QUE JE VEUX RESTER SEUL ?
OUPS !
FAIS PAS LA TRONCHE ! TOUT LE MONDE FAIT DES ERREURS...
QU'EST-CE T'EN SAIS ! T'ES QU'UNE FILLE ! LÂCHE-MOI !
C'EST BON ! VA CHIALER DANS LES JUPES DE TA MÈRE.
QUEL CARACTÈRE !
ÇA LUI PASSERA. IL N'AIME PAS PERDRE, C'EST TOUT.
AH LÉO ! TU AS ENCORE OUBLIÉ DE RANGER TA CHAMBRE ET...
BLAM !
MAIS QU'EST-CE QUE VOUS AVEZ TOUS CONTRE MOI AUJOURD'HUI ?
C'EST MA FÊTE OU QUOI ?
BEN, QU'EST-CE QUE J'AI DIT ?
24

PFFFTTTT !!!! MARRE QU'ON ME TRAITE COMME SI J'ÉTAIS NUL ! VIVEMENT LE PREMIER MATCH !
JE LEUR MONTRERAI DE QUOI LÉO LE NABOT EST CAPABLE !!!
Histoire du club de Grinevale-sur-Lez
ET QU'UN JOUR, C'EST MOI ET PAS EUX, QUI SERAI DANS LES LIVRES À CÔTÉ DES PLUS GRANDS.
Henry DOMASON "le bloc de marbre"
Julien SPANTARO "le fou volant"
Popeye DIDEGARRE "vif-argent"
POPEYE ?
MAIS C'EST PEYO !
"Son surnom de Vif Argent n'était pas usurpé..."
"avec une agilité et une vivacité incroyables..."
"et des essais féériques !!!"
ET JE SERAI LE MEILLEUR JOUEUR DE CETTE NOUVELLE ÉQUIPE DE GRINEVALE !!!
25

VOILÀ ! J'AI APPORTÉ TOUT POUR DONNER UN COUP DE JEUNE À CE VIEUX CLUB.
ON EST LÀ POUR FAIRE DU RUGBY...
PAS POUR TRIMER SUR UN CHANTIER !!!
AAAiiiiiEUHH !!!
iik ?
ALORS ? iLS SONT PAS MIEUX COMME ÇA ?
WAOW !!! UNE CONSOLE DE JEU !!!
OUi, UNE ANCÊTRE, ViEiLLE DE SIX MOIS...
PLUS À DROiTE...
PLUS À GAUCHE...
À DROiTE...
À GAUCHE...
ALORS ? VOUS EN DiTES QUOi ?
ÇA VALAiT LE COUP D'Y PASSER UN APRÈS-MiDi, NON ?
26

ALLEZ ! DU NERF ! ON S'ACTIVE ! IL NE NOUS RESTE QU'UNE SEMAINE AVANT NOTRE PREMIER MATCH !
DÉJÀ QUATRE HEURES ! ON DEVRAIT TRAVAILLER LES TACTIQUES, NON ?
YES !
SAMIA ! ICI ! JE SUIS SEUL !
OK, LÉO !
DÉSOLÉ ! ELLE EST À MOI, CELLE-LÀ
TRRIIIIIITTT !!!
OUPS !
ON SE RASSEMBLE !!! ON VA TRAVAILLER AUTRE CHOSE.
TU VOIS, J'ÉTAIS FAIT POUR RÉCEPTIONNER TA PASSE...
TU TROUVES PAS QU'ON FAIT UN DUO D'ENFER ?
D'ENFER ?! DEMANDE UN CERVEAU AU DIABLE, ALORS !!!
HI HI HI ELLE T'A CASSÉ LÀ !!!
27

C'EST EN RÉPÉTANT LES ACTIONS QU'ON INTÈGRE LES MOUVEMENTS ET QU'ON DEVIENT UN BON JOUEUR !.
ON FAIT UN PETIT EXERCICE DE REMISE EN TOUCHE.
GO !!!
OUAIS !!!
FONCE, SAMIA !
À TOI !
MAIII... !!!
SPLOTCH
UN BAIN DE BOUE POUR LA BOULE, UN !!!
ÇA TE FAIT RIRE ? VRAIMENT ?
OUUUH LA BOUBOULE BOUEUSE BOUDEUSE !!!!
28

SAMIA ! ATTENDS-MOI !
TU ME VEUX QUOI, TOI ? SI C'EST POUR ME TRAITER DE CHIALEUSE, TU ME LÂCHES...
NON NON, T'INQUIÈTE PAS. JE RESTE...
ILS SONT PAS TRÈS MALINS, KÉVIN ET LES JUMEAUX, MAIS QU'EST-CE QU'ON PEUT FAIRE ? ON VA PAS LES CHANGER...
M'EN FICHE. J'EN AI MARRE DES MACHOS ET DES EXERCICES IDIOTS.... JE QUITTE L'ÉQUIPE. !
QUOIIIII !!!
SAMIA ! ARRÊTE ! TU PEUX PAS FAIRE ÇA !
ON A LE MATCH LA SEMAINE PROCHAINE ET ON A TOUS BESOIN DE TOI.
TU PARLES. QUI A BESOIN D'UNE BOULE SUR UN TERRAIN ?
TOUTE L'ÉQUIPE. JE TE MENS PAS, PAROLE DE CAPITAINE.
ET MOI, J'TE JURE, JE JOUERAI PAS SANS TOI.
OH !!!
ALLEZ VIENS, ON N'A PLUS BEAUCOUP DE TEMPS POUR S'ENTRAÎNER.
ET ÇA VA ÊTRE UN MATCH GÉNIAL !!!
29

ICI FX, EN DIRECT DU STADE ENTIÈREMENT RÉNOVÉ DE GRINEVALE-SUR-LEZ POUR CETTE RENCONTRE...
...ENTRE LES BLEU ET BLANC DE GRINEVALE-SUR-LEZ...
...ET LES JAUNE ET NOIR DE TROUCY-L'ANDELLE.
Allais les Bleus!
L'ÉQUIPE DE GRINEVALE ARBORE SES MAILLOTS TOUT NEUFS GRÂCE AU SOUTIEN DE PAP... DES ROBINETS MARTIN QUI CHANGENT LA VIE EN BIEN.
REGARDE BIEN LE TERRAIN, DIOGÈNE, ET APRÈS, JE TE RAMÈNE SUR LA TOUCHE.
ALLEZ LES PETITS ! C'EST LE MOMENT DE VOUS ARRACHER LES TRIPES QUE VOUS AVEZ DANS LE VENTRE !
MOUSS ! YOUHOU !!! ICI ! JE SUIS LÀ !
C'EST MON FILS LÀ ! REGARDEZ !
PFFFTTT ! ALORS QU'Y'A DU FOOT À LA TÉLÉ.
TU AS PENSÉ S'IL ARRIVAIT UN ACCIDENT À LÉO, LÀ ?
ALLEZ MON FILS ! TU VAS TOUS LES ÉCRASER !
FAIS ATTENTION À TOI, KÉVIN !
L'ARBITRE TIRE AU SORT POUR LE COUP D'ENVOI.
FACE, C'EST GRINEVALE QUI COMMENCE.

ET C'EST UNE MAGNIFIQUE MISE EN JEU DU CAPITAINE DE GRINEVALE !
00:00
LE BALLON EST MAINTENANT AUX MAINS DES TROUCYENS...
GRINEVALE SEMBLE INCAPABLE DE LES STOPPER.
OH LÀ LÀ !!! LES TROUCYENS PROTÈGENT BIEN LE BALLON.
01:56
ET C'EST UN PREMIER ESSAI MARQUÉ PAR TROUCY, MOINS DE DEUX MINUTES APRÈS LE DÉBUT DU MATCH.
OUAAA !!! ON LES A MÊME PAS VU PASSER...
J'AI PEUR QU'ON SE PRENNE UNE VRAIE RACLÉE !
OH, FAIS GAFFE LE GROS !!! JE SUIS DANS TON CAMP !
08:23
EEEHHH!!! VOLEUR !
12:04
17:12
OUPS !!!
31

20:00
ET LA MI-TEMPS VIENT D'ÊTRE SIFFLÉE...
SUR LE SCORE DE 35 POUR TROUCY À.. 0 POUR GRINEVALE.
ROBINETS MARTIN
DÉSOLÉ, PEYO ! ON A ÉTÉ NULS ! ON A DÉJÀ PERDU !
NON, NON NON ! NE PENSEZ SURTOUT PAS COMME ÇA. ECOUTEZ, C'EST VOTRE PREMIER MATCH ET VOS ADVERSAIRES SONT CORIACES.
MÊME SI VOUS AVEZ DÉJÀ DONNÉ TOUTE VOTRE ÉNERGIE...
MAINTENANT, FAUT DONNER LE RESTE.
VOS ADVERSAIRES N'ESPÈRENT QU'UNE CHOSE : QUE VOUS POSIEZ LE GENOU À TERRE DEVANT EUX POUR LES LAISSER VOUS ÉCRASER.
ALORS, MONTREZ-LEUR QUE VOUS ÊTES LÀ POUR JOUER ! PROUVEZ-LEUR QUE VOUS AIMEZ LE RUGBY.
PEYO A RAISON ! ON VA MARQUER UN ESSAI POUR SE FAIRE RESPECTER SUR UN TERRAIN.
TOUS ENSEMBLE POUR UN ESSAI !
TOUS ENSEMBLE POUR UN ESSAI !
BRAVO LES ENFANTS ! C'EST ÇA QUE J'ATTENDS DE VOUS !
32

37:01
IL RESTE 3 MINUTES AVANT LA FIN DU MATCH. GRINEVALE N'A PAS PRIS D'ESSAI DEPUIS LA MI-TEMPS !
KÉVIN ! J'SUIS LÀ !
ELLE COURT TROP VITE CELLE-LÀ ! FAUT L'ARRÊTER !
EEEEEHHHH!!!
AAAAAAiiiiEEEE !!!
FANNY!!!
AAAAH ! ENFIN UN PEU D'ACTION !
OH MON DIEU ! LA PAUVRE PETITE !
DIS-MOI ! TU PEUX CONTINUER À JOUER ?
AÏE ! NON ! ÇA FAIT TROP MAL ! DÉSOLÉE !
JE VAIS QUAND MÊME PAS FAIRE JOUER FX.
REGARDE-LES ! ÇA LES FAIT MARRER ON DIRAIT !
AH AH AH !!!
ON VA LEUR PASSER L'ENVIE DE RIRE.
33

LE BALLON AYANT ÉTÉ LÂCHÉ PAR FANNY, LA TOUCHE EST REMISE EN JEU PAR TROUCY.
38:31
GRINEVALE N'EST QU'À 15 MÈTRES DES EN-BUTS ADVERSES.
RÊVE-LÀ CELLE-LÀ !
ET C'EST GRINEVALE QUI S'EMPARE DU BALLON!!!
SAMIA REÇOIT LE BALLON ET LE PASSE À LÉO. QUELLE RAPIDITÉ !
HOP LÀ ! JE PEUX Y ARRIVER TOUT SEUL !
KÉVIN EST DÉMARQUÉ. NE GARDE PAS LE BALLON !
ICI, LÉO ! ICI !
PASSE LE BALLON !
ENCORE TROP SÛR DE TOI, LE NABOT !
SURPRISE ! LÉO PASSE LE BALLON JUSTE AVANT UN PLAQUAGE DU CAPITAINE ADVERSE.
ET C'EST KÉVIN QUI S'ENVOLE VERS L'EN-BUT !
34

ET IL MARQUE !!!!
ON A GAGNÉ ! ON A GAGNÉ !
NON, ON A MARQUÉ, C'EST PAS PAREIL.
RABAT-JOIE !!!
YOUHOU !!! LE PREMIER ESSAI DE L'ÉQUIPE !!!
CALME-TOI ! IL RESTE LA TRANSFORMATION !
TU M'AS LAISSÉ MARQUER L'ESSAI... À TOI LE COUP DE PIED FINAL !
MERCI, KÉVIN.
SURPRISE ! LE N°10 LAISSE SON CAPITAINE TENTER DE TRANSFORMER L'ESSAI.
ET C'EST RÉUSSI ! 2 POINTS DE PLUS POUR GRINEVALE.
ET C'EST LA FIN DU MATCH : 35 À 7 !!!
TRIIIIIIIIIIIIII
ON SE RETROUVERA, NABOT ! ET LÀ, PAS QUESTION DE LAISSER PASSER LE MOINDRE ESSAI.
LES GRINEVALAIS RENTRENT DANS LES VESTIAIRES EN RENDANT HOMMAGE À LEURS VICTORIEUX ADVERSAIRES.
C'EST ÇA, L'ESPRIT DU RUGBY.
35

SILENCE ! SILENCE LES ENFANTS !
CLUB HOUSE
ROBINETS MARTIN
NOUS N'AVONS PAS GAGNÉ, MAIS VOUS AVEZ RÉUSSI À FAIRE VIVRE L'ESPRIT DE L'ÉQUIPE.
ET CES 7 PREMIERS POINTS SONT VOTRE PLUS BELLE RÉCOMPENSE.
SI ON DÉDIAIT CES POINTS À FANNY, POUR LA CONSOLER DE LA FIN DU MATCH !
EXCELLENTE IDÉE ! À FANNY !!!
À FANNY !!!
MERCI BEAUCOUP.
ET MAINTENANT, PROFITONS DU GOÛTER QU'ÉMILE NOUS A PRÉPARÉ !
GRAINEVALE SUR LEZ
JE CROIS QU'ON ARRIVERA À EN FAIRE QUELQUE CHOSE DE CES PETITS.
PROUT
IIIIIKKK !!!
FENECH-NICOLOFF-07

LE TERRAIN

Une équipe de rugby se compose de 15 joueurs sur le terrain et de 7 remplaçants sur le banc de touche. En benjamin, comme l'équipe de Grinavale sur Lez, il suffit de 7 titulaires et de 4 remplaçants. Comme dans de nombreux sports collectifs, au rugby il y a les avants, « les gros », « les déménageurs de piano » et les arrières, « les danseuses » , « les joueurs de piano ». Mais dans ce sport quelle que soit ta taille, ton poids, ta vitesse, tu es sûr d'avoir ta place si tu joues avec volonté, pour et avec tes coéquipiers ...

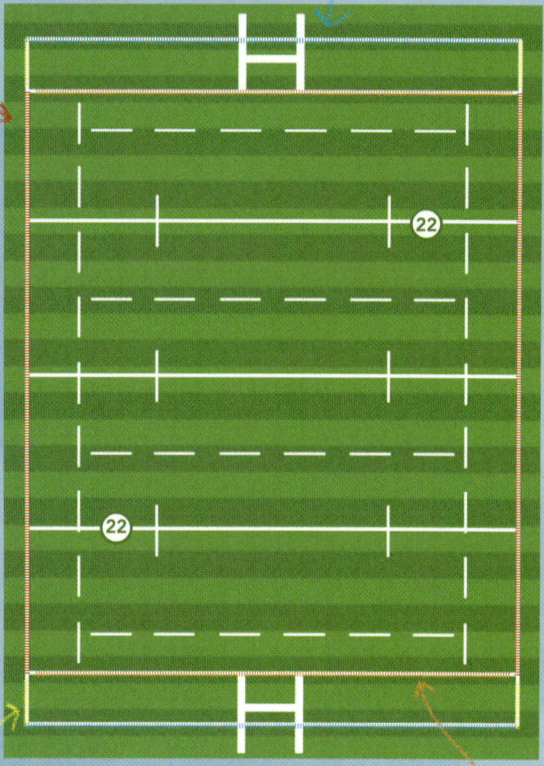

L'AIRE DE JEU :

Partie du terrain composée du champ de jeu et des en-buts. Les lignes de touche, les lignes de but et les lignes de ballon mort ne font pas partie de l'aire de jeu.

LE CHAMP DE JEU :

Zone située entre les lignes de but et les lignes de touche. Ces lignes ne font pas parties du champ de jeu.

L'ENCEINTE DE JEU :

Partie du terrain composée de l'aire de jeu et d'une surface autour qui ne doit pas, dans la mesure du possible, avoir moins de 5 mètres de largeur. Cette surface porte le nom de zone de périmètre.

LA « ZONE DES 22 MÈTRES » OU « ZONE DES 22 » :

Zone située entre la ligne de but et la ligne des 22 mètres, et entre les deux lignes de touche. Elle comprend la ligne des 22 mètres, mais pas la ligne de but.

L'EN-BUT :

Zone située entre la ligne de but et la ligne de ballon mort, et entre les lignes de touche de but.
Il comprend la ligne de but, mais pas la ligne de ballon mort, ni les lignes de touche de but.

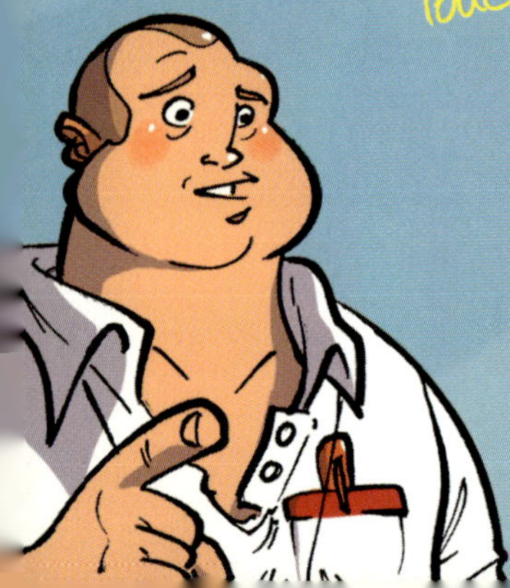

LES JOUEURS
LES AVANTS

« Les déménageurs de pianos », numérotés de 1 à 8.
Les avants s'affrontent pour conquérir le ballon : mêlées, touches et regroupements (mêlée ouverte ou maul). Ils servent le collectif dans le but de fournir aux lignes arrières des munitions pour lancer le jeu et franchir la défense adverse.

N°02
LE TALONNEUR

Il est malin, accrocheur et c'est l'indispensable patron des 1ère ligne qui montre l'exemple. C'est souvent lui le capitaine de l'équipe. Il fait les lancers en touche, ouvre des brèches dans les défenses adverses. Lors des introductions en mêlée il talonne le ballon pour l'amener au mieux dans son camp. Samia est un talonneur de rêve : elle est courageuse, rusée et elle sait s'imposer.

N°01
N°03
LES PILIERS

Ils sont costauds, puissants et courageux. Ils poussent en mêlée, soulèvent les 2ème ligne en touche et « nettoient » dans les regroupements pour garder la maîtrise de la balle ovale. Mouss a toutes les qualités, notamment la générosité, pour devenir un grand pilier.

N°04 N°05 LES 2ÈME LIGNE

Ces « géants » indispensables sont les plus grands de l'équipe. Vaillants, toniques et percutants, ces colosses assurent la conquête du ballon. Comme l'indique leur nom, ils sont derrière les 1ère ligne, poussent en mêlée, sautent en touche et apportent leur puissance. Luc doit encore prendre de la soupe avant de prétendre s'imposer. Mais il est sur la bonne voie.

N°06 N°07 & 08 LES 3ÈME LIGNE

Les 3ème ligne sont aussi de beaux gabarits. Ils percutent la défense adverse pour créer des points de fixation. Excellents défenseurs, mobiles et volontaires, ils comblent les trous, soulèvent, avec les piliers, les 2ème ligne en touche et plaquent tout ceux qui tentent de passer. Lucas a la vaillance et l'énergie pour ce poste, il lui manque… la discipline !

« Ils jouent du piano », aussi surnommés les « gazelles » ou les « danseuses », numérotés de 9 à 15. Ce sont les stratèges de l'équipe. Les numéros 9 et 10 constituent la charnière car ils effectuent le lien entre les avants et les Trois-quarts.

N°10 LE DEMI D'OUVERTURE

« L'ouvreur » joue beaucoup avec son pied « magique » : il botte pour transformer les essais, tente les pénalités ou les drops, dégage son camp, oriente le jeu pour occuper le camp adverse ou lancer des offensives. Comme le n°9, il doit avoir une excellente vision du jeu car il est amené à prendre des décisions rapidement. Kevin a cette qualité de jeu au pied qui fait les grands n°10. Il s'améliorera en pensant plus aux autres…

N°09 LE DEMI DE MÊLÉE

Pour être un bon n°9, tu dois avoir une excellente vision du jeu et posséder une bonne passe bien précise. Vif, hargneux et futé, le demi de mêlée transmet rapidement le ballon à son ouvreur (n°10) ou à ses avants. En bon stratège, il trouve vite la meilleure solution pour son équipe. Léo est un vrai n°9, par son gabarit, son intelligence, son sens du jeu et du commandement.

N° 11 & 14 TROIS QUARTS AILES OU AILIERS

Rapides, félins et agiles les ailiers sont à la pointe de l'attaque où ils débordent les défenses. Ils doivent aussi défendre, soutenir leur arrière dans les relances.
Patience, concentration et détermination leur permettent de marquer des essais et de sauver leur camp.
Fanny est insaisissable (ou presque), elle a cette facilité de débordement. Elle doit se forcer à plus défendre.

N° 12 & 13 TROIS QUARTS CENTRE

Ils font le spectacle par leur cadrage débordement, leurs crochets, leurs passes millimétrées. Par leurs talent et le travail de leurs coéquipiers ils trompent les défenses, créent des ouvertures, marquent et font marquer des essais…
Ce sont aussi de très bons défenseurs qui savent anticiper le jeu de leur adversaire.

N° 16 À N° 22
LES REMPLAÇANTS

Ils font totalement partie de l'équipe, ils rentrent pour apporter leur jus selon les besoins.
FX peut facilement jouer à tous les postes, mais surtout devant son écran d'ordinateur.

N° 15
L'ARRIÈRE

C'est le dernier défenseur et le 1er attaquant car il est formidable relanceur ; il apporte aussi le surnombre en s'intercalant, en se glissant entre 2 joueurs.
Il doit avoir une très bonne vision du jeu, un coup de pied parfait, des plaquages dévastateurs et des crochets décisifs.

FX

L'ENTRAÎNEUR OU ÉDUCATEUR

Il doit transmettre sa passion, sa vision et les rudiments du rugby. Patient, passionnant, respecté et aimé, il doit savoir donner le goût de l'effort, du sacrifice, d'une bonne douche, d'un goûter royal et d'une ambiance de fête. Peyo transpire le rugby, il est le rugby par sa bonté, sa bonne humeur et son sens de l'honneur.

ET... LA MASCOTTE DE L'ÉQUIPE

Retrouve tout l'univers de Léo sur :
www.leopassionrugby.fr

Illustrations de Philippe Fenech • Textes de Thomas

NOS PARTENAIRES

CHALLENGE DE RUGBY P'tit DOP

CHALLENGE P'TIT DOP

P'tit DOP est partenaire de la **FFR** et du rugby poussin depuis 2002 avec le **Challenge P'tit DOP**, 1er challenge national de rugby pour les moins de 11 ans. **P'tit DOP** aime et partage les valeurs du rugby : générosité, plaisir, convivialité, respect, solidarité et pédagogie. Pour en savoir plus sur le **Challenge P'tit DOP** :

www.challengeptitdop.fr

SCOLARUGBY

USEP

Dans le cadre de l'opération Scolarugby, un des projets d'accompagnement de la Coupe du Monde 2007, l'USEP (Union Sportive de l'Enseignement du Premier degré), en partenariat avec la FFR, a mobilisé depuis septembre 2005 plus de 250 000 enfants sur les aspects sportifs et culturels liés à l'évènement.

www.usep.org

LNR

LIGUE NATIONALE DE RUGBY

La LNR est l'association qui :

- **organise, gère et réglemente les championnats de France de Rugby TOP 14 et PRO D2.**
- **assure la promotion et le développement du secteur professionnel des 30 clubs.**
- **négocie et commercialise les droits de télévision et de partenariat de ces deux championnats.**

Le site officiel du Rugby Professionnel. Retrouvez toute l'actualité du rugby sur :

www.lnr.fr

« Léo Passion Rugby » soutient la Fondation MVE

Depuis 1958, la Fondation MVE prend soin chaque jour de 600 frères et sœurs, séparés de leur parents par décision de justice, pour les aider à construire leur avenir dans un cadre familial et structurant. Parrainée depuis 2004 par la famille Lièvremont, une fratrie célèbre de rugbymen français, la Fondation MVE est associée durablement avec le rugby. Cette année, une trentaine de rugbymen internationaux ont enregistré le clip « Grandir Ensemble », téléchargeable sur le site www.grandirensemble.net

Fondation MVE – Reconnue d'utilité publique

Pour en savoir plus sur la Fondation MVE : www.lesvillagesdenfants.com

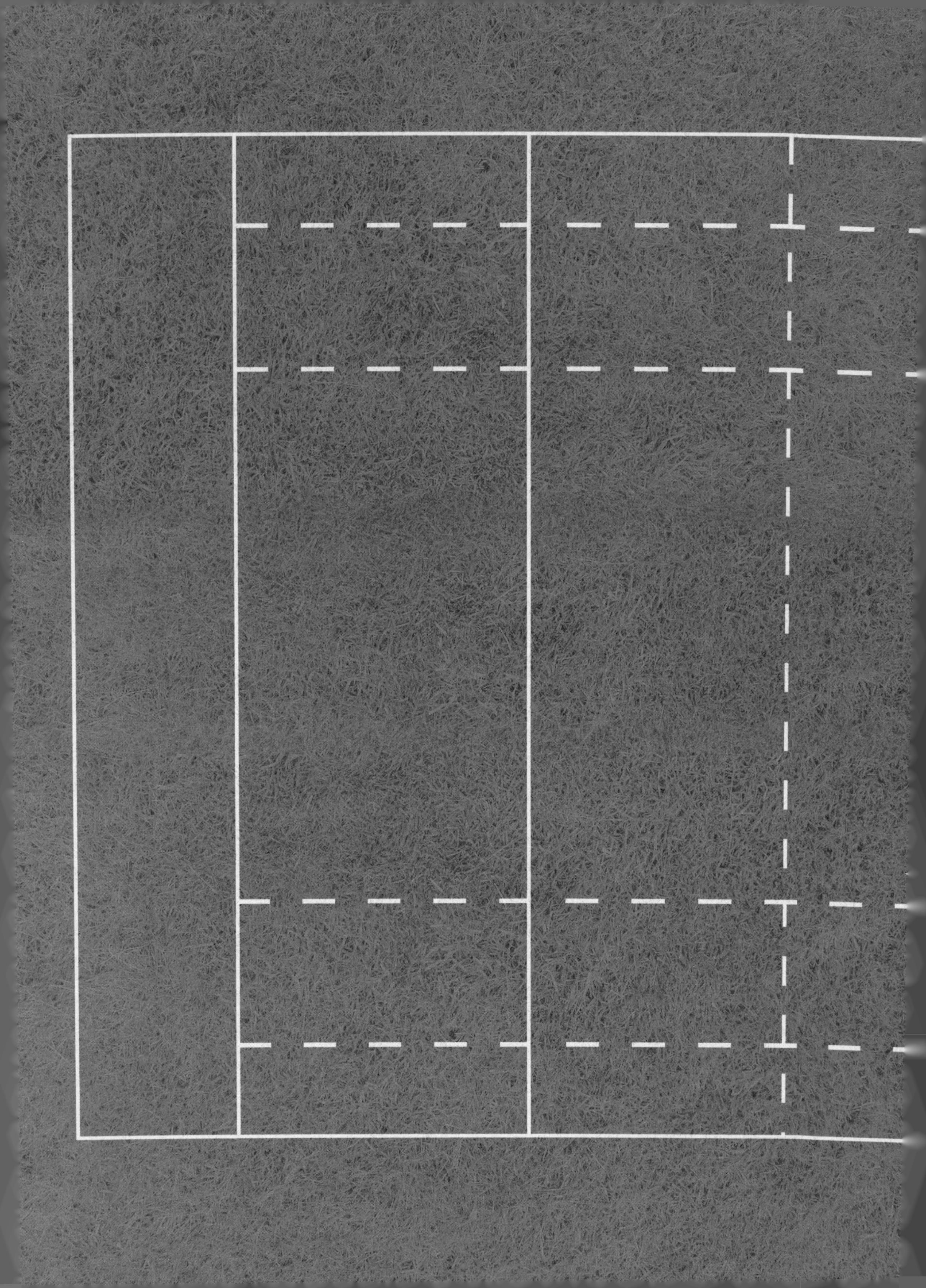